# LEILÃO DE ACASOS

# LEILÃO DE ACASOS

Francisco Orban

**Espaço & Tempo**

Copyright © 2011, Francisco Orban

Direitos cedidos para esta edição à
Editora Garamond Ltda.

Rua da Estrela, 79 – 3º andar
cep 20251-021 – Rio de Janeiro – Brasil
Telefax: (21) 2504-9211

website: www.editoraespacoetempo.com.br
Espaço & Tempo é um selo da Editora Garamond Ltda.

Projeto visual, capa e editoração:
Estúdio Garamond / Anderson Leal

Revisão:
Adalberto Correia

CIP-BRASIL. CATALOGAÇÃO-NA-FONTE
SINDICATO NACIONAL DOS EDITORES DE LIVROS, RJ

O73l

Orban, Francisco
Leilão de acasos / Francisco Orban. – Rio de Janeiro : Garamond, 2011.
104p.

ISBN 978-85-7617-209-3

1. Poesia brasileira. I. Título.

| 11-0983. | CDD: 869.93 |
|---|---|
| | CDU: 821.134.3(81)-1 |
| 18.02.11   21.01.11 | 024651 |

Todos os direitos reservados. A reprodução não-autorizada desta publicação, por qualquer meio, seja total ou parcial, constitui violação da Lei nº 9.610/98.

Não conseguiu firmar o nobre pacto
entre o cosmos sangrento e a alma pura.

*Mário Faustino*

A meus pais
Franz Orban
e Heloneida Studart
(*in memoriam*)

Aos amigos que viveram os mesmos sonhos no olho do furacão:

Ricardo Lessa
Odemir Capistrano
Maria Beatriz Colapietro
(*in memoriam*)
Luiz Sérgio Henriques
Antonio Fernando Borges
Lúcia Valéria Vaz Pereira
Luiz Carlos Maranhão
Sigmund Perestrello
Sheila Kaplan
Álvaro Ottoni
Armando Ribeiro
Cecília Leal
Modesto da Silveira
Ana Pessoa
Stelberto Soares
Sonia Laupman
Luiz Tarcitano
Sérgio Granja
Natalício Barroso
José Inácio Parente
Suzana Vargas
Marcelo Cerqueira

# Sumário

Prefácio, *Geraldo Carneiro*  13

Altares  19
Canções  21
Inteligência Artificial  23
Canoas  25
Tabuleiros  27
Meninos  29
Mapas  31
Itinerante  33
Zola  35
Mar alto  37
O Outono desprovido
de sentido  39
Primeira vez  41
Tenaz Mistério  43
Canção antiga  45
Objetos Nômades  47
Idade  49
No tempo da chuva  51
Quilombo de Cimento  53
País feito de achados  55
Pátria de signos  57
Texto terra  59
Moleque Pimpão  61
Súbitas ventanias  63
Leilão de acasos  65
Contadores de história  67

Vivências  *69*
Rotina de vendavais  *71*
Ponto de partida  *73*
Silêncios  *75*
Coroa Grande  *77*
Movimento da tarde  *79*
A noite das palavras ao acaso  *81*
Roupas dos planetas  *83*
Estiagem  *85*
Extinção  *87*
Alpendres  *89*
Budapeste  *91*
Paraty  *93*
Singelo final  *95*
O livro de areia  *97*
Primeiras impressões  *99*
Meus navios  *101*

Biografia literária  *103*

PREFÁCIO
# O tecedor de vendavais

Pra princípio de conversa, esclareço que a poesia de Francisco Orban não cultiva nenhuma das modas poéticas dos últimos anos. Nem o minimalismo das vanguardas, nem a metalinguagem, nem as fumaças e truques pós-modernos. Trocando em miúdos, a poesia de Francisco Orban mora num país à margem do tempo. Só de vez em quando, fragmentos familiares do mundo contemporâneo aparecem entre seus versos disfarçados de prosa. E é fácil percebermos que essas referências a lugares e a nomes próprios são apenas o que um dos estruturalistas do século passado poderia chamar de *efeito de realidade*, que serve para que tenhamos a impressão de que suas paisagens imaginárias pertencem a algum universo que não seja a linguagem.

No entanto, as detonações da poesia de Francisco Orban logo revogam qualquer fantasia naturalista. "As canoas que um dia nos levaram hoje são esses veleiros, que do mar alto nos assistem em terra, sem que saibamos de suas pretensões." Não há antropólogo ou cientista natural capaz de achar uma de suas metáforas voando por aí como uma borboleta semelhante às que passavam diante de Alberto Caeiro, heterônimo de Fernando Pessoa.

No tecido das imagens poéticas de Francisco Orban, há quase sempre a dor de uma falta. Não corro o risco de especular sobre a natureza dessa falta. Suspeito que as respostas seriam muitas, e que seriam incapazes de abarcá-la. Uma das pistas para a centralidade dessa dor talvez seja a epígrafe roubada de Mário Faustino:

*Não conseguiu firmar o nobre pacto*
*entre o cosmos sangrento e a alma pura*

Desde a epígrafe, o livro de Francisco Orban é o retrato de um *débacle* existencial. Dirá você que essa melancolia, o saber do próprio fracasso, faz parte de quase toda poesia. Desde Camões, diante do "desconcerto do mundo". O ensaísta e poeta mexicano Octavio Paz diz que há uma espécie de Fla x Flu: de um lado, a Poesia da Solidão; do outro, a Poesia da Comunhão. Uns crêem que a poesia promove o casamento do ser humano com o cosmo; e, do outro lado, poetas como Francisco Orban pertencem, com certeza, ao time da Poesia da Solidão. De fato, cada uma das imagens deste livro não somente evoca, mas amplifica, como dizia o Camões, "a grande dor das cousas que passaram":

"Meu violão era um objeto nômade, guardado em uma caixa, ao lado de um armário, onde cabia o mundo. (…) As notas de meu violão são como antigos ícones reencontrados nas portas dos mundos submersos. Elas não suscitam a dor que foi o hino dessa metamorfose. Nem o timbre de sua agonia."

As imagens do marinheiro que perdeu as graças do mar (se me permitem roubar um título de Mishima) e, ainda pior, as graças da própria vida, se sucedem:

"A primeira impressão que se tem é que nunca se volta."
Em suma, a dor de todas as perdas é constante na poesia de Francisco Orban. A perda, por exemplo, de um mundo idílico, anterior às palavras. O tal que teve que ser trocado por uma "pátria de signos."
"Venho de uma pátria de signos, sobre a qual falarei mais tarde. Por ora me basta esta engrenagem com a qual me inscrevo nas palavras. Teço um manuscrito longo e denso que guarda o vento das primeiras ramagens."
E mesmo as promessas do poeta, como a de falar mais tarde sobre a sua pátria de signos, se frustram. É este o mundo em que habita a poesia de Francisco Orban: um mundo feito de naufrágios, fragmentos de sonhos não materializados.
"Entre resíduos de noites e barcos a vela, fiz a viagem que esperava concluir em um texto chamado terra. Nas mãos trouxe os verbos cansados da pátria de si mesmos. O hábito de escutar o horizonte, os endereços de solidões novas. Entre os resíduos dos versos escritos, trouxe o enigma de uma noite sem volta. Com o rosto crispado de uma terra de sonhos, trouxe as roupas puídas de densos outonos. Do mar e de sua saga trouxe apenas o que me fala: o hábito de desfraldar as suas bandeiras de água."

Mas, mesmo neste mundo regido pelos deuses da melancolia, de vez em quando sopra uma lufada de esperança, a suspeita de que existe alguma coisa para além da realidade:

"Ninguém cumpria horário, ninguém era prisioneiro dessa ficção, que depois descobrimos ser a realidade (...)"

E de repente, a alegria do próprio fazer poético se insinua na poesia de Francisco Orban. E, a despeito de todas as perdas, resta a reinvenção do mundo através das palavras. Redescobrimos através de Francisco Orban que este novo velho mundo guarda, nos lugares mais inesperados, um sopro:

"Todos os dias embrulho vendavais."

E é nesses estaleiros de vento, fora do tempo e do espaço, que Francisco Orban constrói sua grande poesia.
"Temos a consistência do que criamos, mas não necessariamente. Um homem que tece símbolos de água poderá ter em sua subjetividade parte da consistência da água ou algo de suas qualidades intrínsecas, mas só. Será o mesmo homem com o mesmo destino de toda a vida, que é o esgotamento e a morte."

*Geraldo Carneiro*

*Leilão de acasos*

# Altares

Estávamos todos irmanados na naquele bar, caído. Pé-sujo da pior espécie bebendo álcool que é o sangue dos deuses esquecidos, ouvindo um hino de Paulinho da Viola, a que chamam apropriadamente de samba, e que nos fazia todos irmanados, naquele sentido maior de estarmos vivos. Estávamos ali unidos sob a toga da noite, para sempre filhos de um mesmo sentido oculto de existir, que ali se anunciava em pequenos atos. Estávamos assim instalados no afago daquele momento absoluto a redimir a imprópria soberba que o álcool atiça, com palavras ao acaso, e gracejos dispensáveis em outros ambientes, mas que ali eram adornos perfeitamente necessários. Estávamos assim, dispersados da passeata chamada mundo, e recostados naquele pequeno palco do planeta denominado por alguns de boteco, mas que para nós era mesmo um altar, onde celebrávamos o mistério daquele momento, cada um a sua maneira, ouvindo um samba de raiz, que são as canções dos combatentes e sonhadores do mundo.

# Canções

Meu violão era um objeto nômade, guardado em uma caixa, ao lado de um armário, onde cabia o mundo. Depois, nunca mais o usei, e sua morte, decorrida pelo desuso, foi para mim uma forma de morte de partes de mim, já silenciadas. Apaguei em mim o roteiro das viagens que fazia, quando ousava, com suas notas, pequenas canções que hoje me parecem orações de exílio. Meu violão é esse ícone sobrevivente de uma guerra, à qual não sobrevivi, e sua música já não me remete às viagens pelas galáxias borbulhando na gênese do mundo ou sobre o dorso dos elefantes, entre pássaros de um país sem fim. Com meu velho violão, estabeleci cumplicidades e pactos, que envolviam o silêncio da noite e o olhar dos bichos que a espreitam, com suas sinfonias, que são, no fundo, canções de vigílias para ninar o mundo. Meu violão guardou em seu peito a história de um povo extinto, do qual sequer temos notícias, porque crescemos e nos esquecemos de que fomos esse povo verdadeiro. As notas de meu violão são como antigos ícones reencontrados nas portas dos mundos submersos. Elas não suscitam a dor que foi o hino dessa metamorfose. Nem o timbre de sua agonia.

# Inteligência Artificial

Botamos nas coisas as marcas das experiências passadas. Um estigma ou o beijo do primeiro amor ressurge justamente quando menos esperamos. Uma verdade assolada pelo exercício do esquecimento pode aparecer de uma hora para outra, no sonho de uma consciência desatenta. Quantas árvores parecem nos olhar quando estamos sós, assim como os cães e os peixes? Quando as árvores parecem estar nos olhando ou um objeto inanimado nos perscruta, ali está um pedaço desgarrado de algo que nos comoveu ou ensandece. Talvez seja de certa forma a lei dos espelhos. Temos a consistência do que criamos, mas não necessariamente. Um homem que tece símbolos de água poderá ter em sua subjetividade parte da consistência da água ou algo de suas qualidades intrínsecas, mas só. Será o mesmo homem com o mesmo destino de toda a vida, que é o esgotamento e a morte. Mas a água também conhecerá a finitude e depois desaparecerá como todos nós. A matéria de que são feitos os sentimentos não combina necessariamente com este destino. Certa vez, assistindo a um concerto, onde os aplausos finais foram silenciados pela pura emoção, pensei no enigma humano. O tempo que foi necessário para se entoar a música de Mozart, o esforço de milhares de horas de disciplina e ensaio para se alcançar uma interpretação do absoluto. O destino que amalgamou naquelas pessoas aquele propósito tão passageiro, como todos os propósitos. Mas a obra ficará para os pósteros, dirão outros, assim como a visão do mar ou o gosto do leite renasce no olhar e na boca de cada safra de crianças que chega ao mundo. Mas os pósteros também desaparecerão, de forma que tudo é construído, como se não fosse o nada que desse a resposta final. Por fim haverá talvez uma geração, que não conhecerá a plenitude e o sofrimento, dos quais só o ódio e o amor são capazes. Talvez uma pura encenação do humano, reproduzida em matrizes e *chips* capazes de eternizar a consciência de que aqui estivemos e que terá a lembrança de um perfume, mas não a emoção do perfume, assim como não conhecerá a plenitude da música de Mozart, nem a emoção do primeiro amor, para sempre inalcançável.

# Canoas

As canoas que um dia nos levaram hoje são esses veleiros, que do alto mar nos assistem em terra, sem que saibamos de suas pretensões. Como os veleiros, amei um dia uma mulher, quase menina, que de mãos dadas comigo resolveu andar pelos garimpos silenciosos do coração. E em se tratando de corações de adolescentes, quanta dor rege esses seres feitos de transição e fúria, pois somos, nessa idade, mamíferos desgarrados, provisoriamente salvos do caminhar da manada (para onde?) se não para a sua própria devastação.

Posso assegurar que ela me amou, e que juntos singramos uma linha no horizonte, deixando nossa marca entre as flores de um país que nunca aconteceu. Pelo chão de areia e seguindo os costados do mar, pisamos os búzios do esquecimento que o mar expelia, também em sua viagem pontuada de veleiros. O que ficou dessas tardes, que eram tabuleiros de sol e ventania? O que ficou de seu corpo belo, mais belo ainda pelas paisagens que construí e visitei? Não fosse o gosto de seu hálito, nada teria retido. Pertence às cinzas de um carnaval suprimido esta fábula que virou encantação e por isso dói neste ônibus das cinco, onde cumpro o roteiro dos mesmos caminhos. Como os veleiros, alguns amores deixaram descuidadamente que o vento do tempo os abatesse, com sua crueldade e seu crestar de horas. Mas não foi esse o caso. Como os veleiros, deixamos distraidamente que o mundo nos tangesse para longe, quando para longe virou a única rota de nossos destinos. E o que guardo dela são seus grandes olhos, perplexos, infinitos.

# Tabuleiros

Um homem, desses que moram a vida inteira em um casebre, sonhou que Deus lhe dizia que a vida poderia ser dotada de aventuras e prazeres inenarráveis. Quando acordou, ao contrário de Dante em Ravena, não teve a impressão de que algo infinito tinha se perdido e que a revelação era por demais grandiosa para a sua pequena condição de homem. Pelo contrário, cada palavra pronunciada tinha se entranhado na carne de seus afetos e, agora, engrandecido pelo que sabia, já não concebia morar em brejo de lamas eternas na caça de pequenos moluscos para a sua sobrevivência. Deus sabe o que faz, intuiu consigo, e partiu com seus andrajos para a cidade mais próxima para relatar aos demais homens a revelação divina e toda a euforia e encantamento que dela adveio. No lugarejo, entretanto, não encontrou ninguém que lhe desse atenção nem foi ouvido pelos transeuntes apressados que nem tomaram conhecimento de sua existência. Com o fim do dia, a noite caiu subitamente como um grande tabuleiro de trevas e o homem descobriu que apenas um bêbado o escutara confusamente e que continuava só e em um mundo sem amor e que a revelação gloriosa com que tinha sido contemplado apenas despertara nele uma dor absurda e mesclada de indignação e revolta. Então adormeceu e Deus, compadecido dele, lhe disse em sonho que esquecesse tudo o que ouvira. Quando acordou, sequer se lembrou de que algo infinitamente assombroso se perdera e assim viveu o resto de sua vida catando os moluscos na lama do brejo onde nascera, confortado e protegido pela impossibilidade de compreender a si e ao mundo.

# Meninos

Em algum lugar da memória esta lembrança ficou retida. Um cinturão de água cingia os sonhos dos meninos, que eram mínimos, mas traziam consigo a companhia do sol. Naquelas tardes, misturados às areias e às folhas secas dos sonhos, desconhecedores do mundo e da fugacidade das coisas, os meninos achavam-se ao acaso da eternidade, na sua condição de meninos a brincar com a areia do mar e seus destinos.
Creio que foi assim que se encontraram. Sobre as ondas do mar que quebravam perto. Eles não sabiam que crescer seria perde-se para sempre daquele estado de comunhão que os unia com toda sorte de seres ainda não banidos da terra.
Eles não sabiam (sabiam?) que o navio do tempo os levaria e que as grandes tardes que pareciam países de sol e fuga, se perderiam, num inimaginável processo de renúncias seguidas, que envolviam o sistemático exercício do esquecimento. Então, muitos anos depois, já envoltos no processo de transformar as lembranças em fatos desimportantes, reencontraram-se junto ao mesmo mar, que era a terra de suas infâncias, e agora desgarrados da eternidade, mas encharcados de rotinas, não se deram conta de como foram felizes e de quanto estavam velhos e afastados da pátria de si mesmos e de como suas mãos já não mostravam as pétalas de um grande Deus solar, que um dia os guiara.

# Mapas

Seria impossível a noite se os versos soltos não a deflagrassem. Encontrei isso escrito em uma pétala. E depois num búzio desses empalidecidos pelas águas e pelo tempo. De início não liguei, mas algo mudou por dentro. Descobri nas horas seguintes a febre dos que se alimentam das ausências. O mundo estava pronto. Os pardais dormiam como os sonhadores dividindo os cantos das praças. O verão articulara-se com as cigarras e de certa forma movia a grande engrenagem coletiva que interligava todos os seres. Os mapas que sempre trouxe agora delineavam destinos. A palavra talhada em pétala era uma senha. Ao grande país a ser encontrado não se chegava em círculos. Bem-aventurados os que seguem a linha reta da própria vontade.

# Itinerante

Se não fossem os aviões clandestinos a minar o mundo, talvez o que chamam loucura não atrapalharia tanto. Aqui a cidade parece instaurada num tempo atípico. A brisa bate e há sempre os elementos de um sonho, sangrado e detido. O hospício é uma organização onde se paira fora do tempo e se evita assim ser um número. A terra é o curral derradeiro onde se descasca quotidianamente o absurdo. Na outra encarnação fui bicho sem grandes conseqüências; na anterior, fui búzio, raiz de árvore, te confesso.

Debaixo das sirenes desse lugar, o que parece realidade é o mero reflexo de toda ficção traída. Agora é proibido cuspir no chão, guardar coisas perfurantes ou ficar nu diante das visitas. No mais é pintar, às vezes sorrir e sempre que possível dizer: bom dia, boa tarde, boa noite.

De noite chega o barulho do mar e o portão se fecha. Fica-se no corredor, que é nosso deserto itinerante, rádios de pilha denunciam vidas distantes, enquanto de madrugada se cospe no infinito: É preciso entender que aqui é um presídio operário. As passagens foram confiscadas. De noite dormimos com as roupas presidiárias das utopias vencidas, encharcadas desse sol com que se tece o sangue dos versos. Isso que emudeceu nossas almas às vezes move os rios. Uma fúria dissimulada acompanha o olhar dos técnicos que nos assistem, tão desesperançados como nós. Fingem que nos ouvem, e não escutam o grande tambor da noite, esses tristes companheiros de viagem.

# Zola

Zola era um homem metade real e metade ventania. Vivia em um país fora das falas e dos tempos e todos lhe deviam veneração e tributos. Com sua metade de reino distinto da condição humana tinha uma visão que lhe conferia a capacidade de ver além do tempo. Era por isso que sua massa orgânica, imbuída da solidão do mar e as suas características salinas, não resistia ao sofrimento humano.

Assim, Zola decidiu viver perto de todos. Abdicou da veneração e dos tributos. Decretou reformas que incluíam a libertação dos escravos menores de dez anos. Instituiu uma nova moeda e permitiu que as seitas professassem suas crenças, desde que em reuniões abertas.

Durante a noite todos estavam livres para andar pelas ruas e a arborização do país foi considerada medida de prioridade máxima. Mas não parou aí. Os impostos passaram a ser voluntários e as almas dos sonhos resgatados passaram a mover multidões que a cada dia mais o amavam. Uma festa de sete dias e sete noites comemorou o novo país. Na última noite de festa Zola descansou, retirando-se para o claustro. Antes, porém, anunciou a vitória de suas convicções sobre o mundo. Nas suas previsões, a terra era redonda e o final da história humana não seria feliz. Os cavalos deveriam ser adorados, como já eram os gatos, e os caminhos das colheitas não deveriam ser pisados pelas pessoas ressentidas.

Feitas as previsões, Zola retirou-se, advertindo que dormiria por vinte anos. Mas antes deixou com um discípulo o mapa das estradas invisíveis que levavam até seu refúgio marítimo. Muitos tentaram, ao longo de sua hibernação, galgar aquele caminho impossível. Todos se perderam em navios naufragados, em continentes negros que anulavam a memória para que nada se soubesse do cheiro das plantas e do passado. Acabados os vinte anos, Zola acordou e morreu. E as mulheres que o amaram se vestiram de negro. E muitos foram morrer junto com ele em rituais que viravam noites. Tudo acabaria em glória se uma criança não percebesse que o corpo de Zola se transformara em um corpo de homem mortal, pois sua metade não humana tinha desaparecido com a morte. Então seu corpo foi salgado, suas leis banidas e seu nome proscrito para sempre.

# Mar alto

Estava no mar e era mar alto. Ao meio dia a sombra das coisas tinha desaparecido. Olhou para todos os lados, onde a matéria um dia existira. Deitou-se ao largo das manifestações do horizonte, mas amplos corredores de vento o tangiam. Procurou na memória um cais, mas só havia o sono de tudo. Transmutou-se então para existir como forma inanimada, em comunhão com os peixes e os habitantes das lembranças. Deu então por si como o passageiro de um sonho, mas tão irreal que não merecia importância. Perscrutou a memória para descobrir de que forma uma matéria organizada para as grandes aventuras tinha soçobrado em uma rotina vulgar, de uma época triste. Buscou saber o que o dirigia: letreiros, restos de vendavais, monumentos frios, multidões sedadas.

Então se certificou de que estava em uma bolha de tempo. E que o tempo não lhe devolveria o que buscava. Seu olhar inusitado não estava de acordo com os signos.

# O Outono desprovido de sentido

Era um outono desprovido de sentido. Não chegava a parte alguma, não ia a lugar nenhum. Um outono onde luas pousavam silenciosas por sobre o coração da tarde e se iam nas noites urbanas: não de silêncio e marfim como se pensou outrora, nem fantasia e delírio, como previram outros. Apenas noites opacas onde o tempo girava ao contrário, numa progressão infinita. Era o tempo, quando o tempo havia. Depois não havia nem mais o tempo. Batia o coração do tempo, mas fora do seu eixo. O dia, como um grande tumor de mágoa, crescia nos corredores das almas. Era um outono desprovido de qualquer sentido e qualquer método, onde as almas dos bichos tinham ido embora para os continentes aquém do amor e das palavras. Os homens agora pertenciam a si mesmos, sem a relação vegetal, mineral, vingada durante séculos. E, por se pertencerem só a si, não se pertenciam. O amor era um rascunho do amor. As festas eram rascunhos de outras festas e a própria vida era um rascunho da vida que um dia houvera, mas não se sabe bem em que circunstâncias.

Eram homens e mulheres rascunhos, condenados a percorrer as jornadas dos dias. Procurou-se nos livros saber o motivo das emoções perdidas, mas nada se transmitiu. Então se procurou nas mãos dos poetas o calo dos sonhos e das maresias, mas nada se traduziu. Assim durou um século a paisagem da dor, e o rio caudaloso da desesperança. Um século que também foi um minuto, ou vinte dias, ninguém sabe. Cada homem, com o seu horário, já não obedecia à regra do tempo comum.

Porque agora, se havia o tempo, era o tempo de cada um. O tempo intransferível e intraduzível, e isso era a loucura com comedimento.

# Primeira vez

À noite busco você, sem os rodeios antigos de quando éramos eternos. A eternidade tinha cheiro de ventania. Agora afago seus seios, a eternidade já teve *status* de verdade. Foi assim quando pela primeira vez abri sua blusa. A voracidade só veio mais tarde.

É por isso que ergo você contra as paredes dos muros desta cidade, com a mesma febre dos primeiros dias. Sem os pés no chão, você se transmuta. Um gemido preso sai pelas nossas bocas mudas, enquanto a vigília em torno de nós entretém os quatro cantos da rua e um grande transe veste todos os moradores da noite.

# Tenaz Mistério

Era um segredo escondido sob o lençol da noite densa. Um único silêncio na memória de um sonho. Era um ruído sob a surpresa de pássaros, tenso alvoroço espalhado sobre o grande e tenaz mistério que lhe envolvia a vida. Pois ela chegava tão convicta de tudo, arrumada em sua graça feita de toques mundanos, que foi a princípio inimaginável vê-la despedindo-se.

Ausente, se fez tão presente em tudo, que os meninos autuados pelo enigma caíram extenuados. Era o início da longa encantação.

## Canção antiga

Por muito menos guardei em mim o mar. Com as juntas dos ossos partidas, refiz-me pouco a pouco das palavras de ordem de uma canção antiga, que falava do esperar. Não sobrou muito depois. Uma vez despojado desses versos, descobri que a encantação me alimentava. Entre as hordas de um país feito de noite, a encantação fora um guia não muito prático para as coisas mais próximas da realidade.

Hoje, irmanados, nesse ônibus parador, que caminha sem nenhum mapa por um país chamado mundo, penso nesse roteiro vagabundo, do qual não guardei cópia. Lá fora, um horizonte de águas cerca e toma as últimas cidades de nossas biografias. As mesmas cidades em que um dia fomos invencíveis, quando portávamos em nós a força do touro e a magia dos que se alimentam de transes, como uma manada de sonhadores, em harmonia com seu rebanho.

# Objetos Nômades

O rosto opilado dos sonhadores já não fere a lua. Nem mesmo quando ela, afastada de sua função, a eles lança a luz de seus barcos.

Esse foi o primeiro sintoma do vento que vi naquele homem alquebrado pelas mazelas do mundo. Vinha de um inverno assolado pela memória de tantos outros e trazia no rosto o estigma dos sonhadores, a solidão sem fim que esse enigma engendra, assim como o ar dos andarilhos. Nunca entendi sua morte, súbita e velada apenas pelos pássaros do mar em sua passagem pelos confins da terra.

De seu inventário de objetos nômades, só ficaram uns sapatos velhos, gastos pelo caminhar nos tombadilhos e planetas que nunca supomos. Envolvidos só conosco, não podemos entender a origem desses sonhos e desse povo, que não buscou nenhum lugar e só se compraz com o hábito de escutar o silêncio da terra.

A harmonia com os fenômenos minerais, o intenso amor pelo mar, os veleiros que largaram no horizonte. As bandeiras desfraldadas de pátria alguma fizeram dos sonhadores a antítese desse tempo, onde não cabem mais os juramentos de transcendência e os caminhos que os norteavam em seu movimento de emigrantes da terra.

# Idade

À margem oceânica de tudo isto ficaram os pardais, que, para minha surpresa, pousam na minha janela, neste estranho domingo de 2010. Felizmente não nasci nesta época de tantas extinções. A das utopias foi a mais danosa. Elas eram o sangue morno que nutria a alma do mundo, e, de certa forma, mataram o universo ao desabarem sobre todos.

Cumpro hoje o papel de existir apenas como pacato cidadão deste momento, mas isto faz parte de um manual de sobrevivência. Decoro todos os dias a farsa do velho texto desta existência imposta. No fundo, sei que não sou um militante desta ordem.

Excluí o verão aberto da adolescência, para conviver com os veranicos onde transito como um membro da minha idade. Não tenho pressa, nem devemos. Os anos avassaladores se foram e o que vemos são sempre as mesmas cartas que chegam, com o obituário das canções mortas. Chegam sempre através destes sucintos *e-mails* que, para meu desalento, navegam pelas veias do sangue, até demolirem a ordem alegre do dia e me deixarem extenuado. Ando pelas estações do mar, pois andar foi o procedimento aconselhado. Andando, percebo-me vidente de epopéias que sei que não acontecerão. As vértebras do outono ficaram em mim, mas só como vestígio de uma grande aventura liquidada.

Hoje sou um personagem do passado. Tiro o pulso da solidão todos os dias e percebo que ainda tenho os batimentos cardíacos necessários para acatar o brilho das estrelas que consolam. Assim resistirei mais alguns anos. Teu olhar me faz bem, as palavras de amor da minha primeira namorada ainda me nutrem. O pão morno da manhã tem um sabor quase espiritual. Depois nada se sabe, nem mesmo o sentido de tudo isto, quando se apagarem os sistemas estelares.

# No tempo da chuva

Isso aconteceu no tempo da chuva. Fora das épocas oficiais, nas noites em que éramos viajantes das coisas que existiam invisíveis, antes do grande terremoto que jogou por terra todos esses empreendimentos. Naquele tempo, eu, você e Rebouças, – aquele cara que andava na busca de discos voadores e que vendia *bottons* de Janis Joplin na Praça da República, em São Paulo, – éramos todos militantes de uma utopia perdida. Ninguém cumpria horário, ninguém era prisioneiro dessa ficção a que chamamos realidade, que, a partir de certo momento, começou a se fazer presente e a nos nomear pejorativamente.

Pergunto a mim hoje por Rebouças, aquele meu amigo viajante de si mesmo. Onde estão os cavalos marinhos que viraram água? Onde está o mapa que nos traria o amanhecer e a liberdade?

# Quilombo de Cimento

Há dez anos que moro neste quilombo de cimento a que chamam de cidade, se suas janelas blindadas não desmentissem este nome. Enquanto se aguarda em vigília o final da noite e dos tiroteios, divago com a lembrança dos pássaros revoando. Entre os derradeiros prisioneiros de uma guerra não declarada, refaço o tempo das manadas de onde me desgarrei para esta pátria sem sonhos, da qual não sei se existe volta.

Já tive um itinerário próprio, com passos de mar e mãos de súbitas ventanias e conheci o papel dos veleiros e sua incursão no país azul das águas. Quanta falta me faz esse roteiro. Com ele eu cumpria estradas e meu caminho no mundo.

# País feito de achados

Acordei com uma palavra vinda de um rio. Era o início do conto que escreveria, não fossem tantos outros que se revezavam. Trouxe este conto para a linha de frente, afastando imagens e vernáculos. Agora, o posso escrever, mas antes o mapeio com um barco, pois temo no percurso achá-lo raso, para os longos pensamentos que abraço. Munido de uma tarrafa, jogo-a nos olhos das palavras, em águas já não claras, onde a poesia e as metáforas circundam inocentes minha mente. Agora, face a face com seu teor, me emociono com seus horizontes de esquecimento, seus corredores de vento, onde somos arremessados em suas margens. Depois enveredo por um labirinto onde os deuses vedam a passagem. Lá estou dentro do conto, no âmago de cada sentido. Cada palavra surpreendida revela uma nova vida, cujo canto pode embriagar-nos e para sempre prender-nos em um país feito de achados.

# Pátria de signos

Venho de uma pátria de signos, sobre a qual falarei mais tarde. Por ora me basta esta engrenagem com a qual me escrevo nas palavras. Teço um manuscrito longo e denso que guarda o vento das primeiras ramagens. Por ora me basta o roteiro destes poemas e seus caminhos sinuosos, suas planícies vastas, onde os cavalos correm pelos costados do tempo. Basta-me o que ficou inscrito na carne dos afetos, este acaso de horas, onde arredio espreito o que da paixão brota. O que me consome vem desses signos de água.

# Texto terra

Entre resíduos de noites e barcos a vela, fiz a viagem que esperava concluir em um texto chamado terra. Nas mãos trouxe os verbos cansados da pátria de si mesmos. O hábito de escutar o horizonte, os endereços de solidões novas. Entre os resíduos dos versos escritos, trouxe o enigma de uma noite sem volta. Com o rosto crispado de uma terra de sonhos, trouxe as roupas puídas de densos outonos. Do mar e de sua saga trouxe apenas o que me fala: o hábito de desfraldar as suas bandeiras de água.

# Moleque Pimpão

Então ouviu o estampido, seguido do baque na escuridão e sentiu um cansaço que subitamente se alastrara. Caiu, mas velozmente, como se fosse o combatente de uma guerra não declarada e em queda livre, e sua camisa encharcada de sangue e aventuras torpes, parecia-lhe um ser estanque, distante como uma pele gelada, sob outra pele fria.

Agora, o mundo escoava, mas era ele que se desfazia, e os dedos desapareciam, e as mãos distantes lhe faltavam. Então sob a noite imensamente escura, escutou uma voz feminina que surgiu do silêncio, uma voz doce e baixa, como um sussurro, como se a morte chegasse trazida por uma canção de ninar, como um acalanto, e pela primeira vez sentiu paz nos seus longos quinze anos. Foi assim que morreu, sentindo-se Mozart, sem ter sido Mozart. Entendendo subitamente os enigmas do universo, sem nunca ter se indagado sobre nada, assombrosamente em paz, e embalado pela voz que cada vez mais distante lhe sussurrava, a lhe chamar de meu amor

## Súbitas ventanias

Não me percebo tanto neste anônimo que escreve. Um dia amei rios, cidades, e andei pelo horizonte da tarde com as mãos coalhadas de planetas. Também acenei para o mundo e guardei o menino que conheceu jaqueiras, planícies, versos e beijos de namoradas morenas.

Cresci conhecendo o mar e súbitas ventanias e conheci a noite pontilhada de balões que transportavam o nome dos heróis perdidos

Se na pele dessas aventuras conheci a dor e o escalpo do vento, já não interessa. Já não me movo como me movia, sem nenhum obstáculo entre as dunas dos acontecimentos de um país sem fim.

Não me vejo tanto neste homem anônimo, circunspeto e circunscrito, decretado nesta sala. Não me percebo tanto neste índio demarcado.

# Leilão de acasos

Nada do que guardei de ti pereceu. Sou um emigrante de mim. Vim das ilhas, onde a vegetação subiu pelos pés e assumiu a forma das almas. Mas já não me identifico com esses mitos. Um dia imitei que era um poeta e tornei-me um poeta. Imitei que deveria fazer o obituário dos pequenos seres que nos seguem e criar colares com seus corpos de moluscos e isso ocorreu. Criei um delírio que incluía a alucinação, como forma de ação política. Fui por épocas o mar, sem nenhum perfil que pontuasse a antiga identidade humana. Essa foi a mais perigosa das aventuras e para ela me preparei, criando a musculatura psíquica dos sonhadores. Isso me permitiu galgar o caminho de volta, sem o que, ficaria para sempre em alguma ante-sala de um sonho, emparedado e convivendo com os outros, mas sem compartilhar as pequenas coisas que dão sentido à vida cotidiana.

De início não foi assim que eu me via ao levar a minha pequena lanterna na bagagem das ações impossíveis. Assim eu segui as hordas dos que escolheram a margem esquerda do rio, e passei a me permitir um namoro proveitoso com o absoluto. De noite eu ministrava aos seres das águas o saber dos crucificados e durante esses cultos dava-me conta da presença de pequenos seres, acampados por perto. Vinham oriundos de regiões remotas orar pela terra e temiam que não sobrevivêssemos. As vigílias se estendiam por noites envoltas em um clima de grande paz e comunhão. Diziam-me da existência de um criador que se tinha tornado mortal ao se transmudar em toda vida. Ao mesmo tempo falavam-me da sua provisória morte e da nossa provisória vida. Uma noite acendi a lanterna para exorcizar esses pequenos pregadores que me deixaram uma frase tatuada no meu braço como tantas outras tatuadas em meu espírito: *Extinção é para sempre*. No dias seguintes se foram e eu pude voltar à mais fascinante das aventuras, que é a transmutação do que somos em elementos minerais e vegetais, como pedra, mar, floresta, mantendo-nos assim, em comunhão com as almas dos bichos e das plantas, para de longe assistir ao ruidoso tumulto da experiência humana.

# Contadores de história

Tiro todas as datas dos poemas com a camisa molhada dos longos percursos. Não há intenção de fuga. Ali contemplei o mar, aqui, um encosto de palavra. Dos desamparos que vi, o silêncio é o mais extenuante. Com ele não se fazem veleiros, mas se cria uma saga de contadores de histórias.

# Vivências

Tudo era um verso. Mas o verso apodrecido dentro da fruta sem caroço não pôde acontecer e agora nem sequer pode ser exumado. A alma dos versos sem substância segue hoje os meninos que brincam nas orlas das praias. Os que estão em comunhão com o mar serão poetas. Os que estão em comunhão com o sol, guerreiros. Mas os que se perderam de si terão apenas os versos, para serem usados como bálsamo de suas feridas tristes. Os versos apaziguam a solidão que a ausência do sol e do mar causou.

# Rotina de vendavais

O espírito das montanhas ainda mora em mim, junto com este vendaval que arrumo cuidadosamente no cabide do armário. Não é nada. A dor de crescer me fez amargo. Todos os dias embrulho vendavais. E não descanso, até que o último seja cuidadosamente guardado. É um ato simples, ao chegar do trabalho e banhar-me, limpando a poeira das ruas. Depois, começo a embrulhar vendavais. Os primeiros busco em uma zona obscura da alma e os deixo invadir o recinto. Outros, já íntimos do itinerário, obedecem silenciosos. Sempre foi assim. Apenas acontece. De alguns vendavais me desfaço, derramando-os pelo bueiro. Mas outros logo ganham a rua ou evadem-se pela janela e não há nada a fazer, quando atravessam as paredes e se perdem no trânsito da cidade.

# Ponto de partida

Como ponto de partida escolhi o vento, para ir aos mares e às ilhas. Navegar foi um jeito que escolhi de refazer cidades. Ando disperso como o bêbado que um dia vi transitando. Fora dos fóruns das ruas não há muita verdade solta. Escrevo como uma forma de surpreender pássaros. De dar continuidade aos avisos que acontecem. Assim, estou nesta empreitada de reunir signos, mensagens, seres evadidos de noites inenarráveis. Desde menino o mar me segue e isto constitui para mim um mistério. Este ato é que me leva a reunir pedras e esfolar palavras, para enfeitar a mágica de existir. Um pouco do que era verbo antes da combustão do cosmos se inaugura neste veleiro que sou. Sem grandes ventos para as grandes viagens.

# Silêncios

Viver no mundo com seus silêncios, para chegar aos ventos. Foi por este caminho que alcancei os rios do coração. Era um país onde poucos percorriam as terras aradas das almas, mas quem se atreveria a ir mais longe? Quem desafiava a manhã, atravessando o dia, escorregando por dentro da noite, até a madrugada densa? Quem ousava pisar o chão pedregoso das horas? O menino que um dia fui atravessou por mim esse deserto. Em seu rosto estava escrita a revelação que hoje guardo. Em mim ele sobrevive, e não o acordo para não ouvir os pássaros do infinito que antecedem a criação do mundo.

# Coroa Grande

A cidade existe. Com seu mar cercado por uma baía e uma ponte interrompida pela noite. Com breves palavras a percorremos. Chamava-se Coroa Grande. Nela iniciamos a revolução dos meninos. Nela construímos as trincheiras de vento feitas com a densa poesia dos sonhadores, caminhando na linha de um trem que a cortava, para longe de todas as palavras e com a febre dos estaleiros e os inventários das águas. Coroa Grande ficou deitada na minha vida, como um entroncamento do destino, pelo qual, tomado um rumo, não há retorno. Seus passageiros saltaram do ônibus e de um mundo em movimento. Sedados pela ferocidade das horas, largaram a estrela da manhã em minhas mãos e eu a levo neste ônibus das cinco, por dentro dos mesmos caminhos, de ruas sem volta, onde não diviso mais os canteiros de encantação daquela cidade mágica, nem suas namoradas, nem os amigos "para sempre", tão breves. A estrela da manhã migrou das minhas mãos, tornando-se um anacrônico ícone de um futuro pensado pelo passado, incompreensível para a ordem do agora.

# Movimento da tarde

O movimento da tarde diz outra coisa. Mas o movimento da tarde é o movimento do meu coração. Enquanto a chuva cai sobre os bares e o tempo, franze a marca de um acontecimento cósmico envolvendo a tessitura de teu seio. Como foi fácil ser feliz e como essa receita desapareceu do mundo. Extinto o rio do estado de comunhão, ficaram os calcários que levo no bolso, as ordens estabelecidas, esse pacto unânime entre todos de não mencionar teu nome. Vencida a primeira fase deste abandono, deixei que teu rosto se distanciasse, como o do afogado que desaparece no horizonte. A geografia solar da cidade ajudou muito, com seus mercados de luzes, esse processo de entorpecer.

# A noite das palavras ao acaso

Em uma dinastia decadente de um país escandinavo nasceu um menino que tinha o hábito de ter visões. De algumas guardei o registro que por ora vos transmito: A visão de uma cidade floreada de pontes, que depois se soube ser Amsterdã, do início do século. Os relatos de mundos de águas, pontuados por continentes, tudo fazia parte de seu repertório, assim como a presença de seres, fugidos da solidão, que buscavam junto a ele as canções de exílio do passado. Creio que aqui chegamos a um ponto curioso. O menino também era poeta e fazia seus poemas na brevidade das próprias mãos. Deles pude guardar alguma coisa como o poema dos ciganos e de suas cidades cercadas de ventos.

Tal qual o poema do tempo e suas armadilhas armadas, o menino se viu subitamente indiferente a esses mundos da alma. Agora queria ser guerreiro. Queria andar pelo mundo e conhecer a liturgia dos sonhadores, que versava sobre o futuro .

Certa noite, um ser oriundo do porvir o convidou para a grande viagem. Fugiram os dois, montados sobre o dorso dos cavalos de vento, para além das estrelas. Passaram pela noite das palavras ao acaso e por pequenos países de pedras e por populações atônitas, que os viram e não compreenderam o que ocorria, quando, sob a forma de um cometa imantado e azul, cortaram o negro céu da noite.

## Roupa dos planetas

Mora no meu peito o peso de uma estação, que dissipo todas as manhãs. Me visto com a roupa dos planetas e comungo com o movimento do mar, que com as suas canções de ninar enaltece o sono dos que não o abandonaram. Escutar o movimento do mar foi minha grande aventura. Trazer seu aroma salino em minha pele e guardar seu mapa ruidoso é a tarefa a que me dedico pela vida afora. Ainda sigo os passos de sua rebentação, nesta resina da tarde. Quando menino, meu pai me levava para pescar. E eu pescava ventos, o silêncio da noite do mar. Depois voltava para casa. Encharcado com suas canções.

# Estiagem

Na noite inesperada sigo. Nenhum sentido aparente no que vejo me enlaça. Os pássaros pousam mudos, mas, indiferentes a nós, não buscam a grande palavra que acenderia o mundo. Estes bichos chegam de outros universos, enquanto aqui se sobrevive, com as algazarras do momento e as quinquilharias de sempre. Falta a emoção plena. Falta o Deus solar que um dia nos guiara, falta o amor que salva, nesta estiagem onde deixo meus poemas para secarem sobre a luz fria do mundo. Na noite sigo com as vértebras soldadas, mas nada que me faça compor-me com a alegoria das hordas. Refaço o poema para ser a bandeira dos poetas. Refaço em mim o poeta para ouvir as palavras de outros poetas. Elas chegam, a princípio, como as matilhas desgarradas de extensas sagas. Chegam de migrações antigas para nascer ou morrer. O que importa? O certo é que algumas emergirão para a luz, algumas outras serão as vozes dos exterminados, enquanto em minhas mãos tatuagens errantes se alastram, a confirmar a extensão da noite, onde me guardo e aguardo a densidade dos versos que chegam como pássaros.

# Extinção

Outubro está solto. Entre as unhas, a pele do teu rosto. Também as garrafas que joguei ao mar não voltaram com o teu nome em um velho verso. Não voltaram e fizeram deste ato um jeito de navegar. Também naveguei de mim. Para longe do que sou e do meu amor por ti. Para os territórios da renúncia, onde moram os viajantes da espera. Isso me soprou um dia o mar, através de um de seus mínimos seres. Um búzio expelido das águas, com sua caixa de música, que ainda levo aos ouvidos e até hoje me fala.

## Alpendres

Levo sonos opacos de um tempo consumido. Fúrias contidas nesses traços no rosto. As feições talhadas pelo esquecimento, os músculos tensos, como os veleiros revoltos embrenhados no vento.

Para um velho moinho levo meus poemas. São o que somos e se sabem densos e fugazes e se sabem o alimento do acaso, dos habitantes das ruas e das lembranças. Para um velho alpendre os levo descuidados.

# Budapeste

Não me lembrarei de ti, pai, como um ausente. Embora de longe, te acenei a vida inteira e não me viste nem me deste a mão, quando te mostrei os cavalos e o vento. Deste país em que viveste, pai, fui e voltei com as passagens compradas da viagem que não fizemos. É o que para sempre ficou no bolso da camisa do menino que ainda sou e que te amou silenciosamente.

# Paraty

(*Centro Histórico*)

Naquele momento, olhando o mar com seu dorso amarrotado pelo vento, restabeleci novamente meu diálogo com esta cidade e seu passado. Paraty era, então, uma cidade perdida de onde escoava o ouro. Suas igrejas loteadas dividiam seus habitantes: uma era para os senhores, aquela para as mulheres brancas, esta para os mestiços e negros escravos.

Num mundo injusto e segregado, ela era assim, repleta de insetos peçonhentos e de dejetos atirados nas ruas, sob o luar onde as pedras das calçadas, trazidas de Portugal por seus navios, não foram tantas quanto as de ouro retiradas pelos homens negros e expatriados, que, como escravos, também foram de suas vidas arrancados.

Aqui chegamos do futuro, a esta cidade, pousada no azul como uma nave de luz no chão do mundo, toda feita de leveza pelos poetas que a restauraram e a reinventaram. Estes, que foram os que possibilitaram a sua existência, assim como também outros sonhadores, que são os arquitetos, médicos, sanitaristas, descobridores do átomo, e os próprios articuladores da dissuasão nuclear, todos conspiraram para que ela existisse assim, como uma pétala. E desta maneira a vemos, com os nossos olhos transmutados pelo hoje, na ilusão de que ela, de alguma forma, tenha sido esta que agora vivenciamos. É que, naquele mundo brutal, suas paredes foram erguidas como são e talvez ela existisse assim, como veio a se tornar, posto que, embrionariamente, já existia no coração dos homens.

# Singelo final

Constatar que as mãos pareciam vagas foi a primeira lembrança, depois do acidente no mar, a misturar-se com diálogos embebidos em controvérsias inúteis. Tudo começara na busca de um verbo. Um empreendimento quase mecânico, se não ocultasse um sonho.

O verbo procurado deveria estar entre as duas últimas letras de um alfabeto proscrito, em decorrência de uma guerra ocorrida, no penúltimo século que antecedeu nossa era. Contudo, uma lei que rege os jogos e preconiza a inutilidade dos atos falou mais alto. O verbo, dotado da infinita capacidade de realizar o pleno discernimento, fora conjugado por um guerreiro idoso, ferido em combate por flecha. Esse era o único registro desse vernáculo imemorial.

Alguns dos que viveram esse embate já esquecido, entre tantos, assistiram ao balbuciar do guerreiro agônico e tentaram decifrar-lhe a frase e a liturgia que a precedia. Mas dele só conseguiram escutar palavras, que lhes devolviam as lembranças do início do mundo: O verbo fora conjugado em um tempo verbal desconhecido e, além disso, sussurrado pela boca moribunda dos que se despedem das palavras.

Com os anos, nem dos rumores desta lenda, precariamente resgatada, ficou registro. Uma briga de irmãos em uma obscura aldeia, onde haveria mais tarde um país, alterou para sempre a conjugação e o sentido da palavra original. E por isso a história humana foi para sempre desfigurada, da mesma forma, como um cometa alterou acidentalmente sua rota há milhões de anos, possibilitando com isso a existência dos homens e dos livros. Agora, as palavras resgatavam seus verdadeiros contornos. O acidente no mar fora para aquele pescador a última etapa de seu percurso de mapeador das lembranças. Resignou-se doravante a ser o tutor de seus próprios esquecimentos. Abdicou então para sempre da idéia de perseguir o vernáculo, para o qual não tinha sido eleito. Feito isto, retirou-se para uma vida anônima e envelheceu triste, sem perceber que um menino nasceria, que conjugaria corretamente o verbo apagado da memória de seus ancestrais. E isso abriria uma nova idade de luz sobre o mundo, seguida de outra era de violência e trevas, e assim sucessivamente, até que bruscamente a odisséia humana seria interrompida por um cometa que acidentalmente alterou sua rota. Então seríamos conjugados pelo esquecimento e por um Deus que nunca vimos, mas que o guerreiro ferido viu nos estertores da morte, quando se negou a dizer o que vos adianto nesse singelo final. Ele apenas anunciou que nunca acontecemos.

# O livro de areia

*A Jorge Luiz Borges*

Então sonhei que Borges aparecia em minha casa com o livro de areia novamente nas mãos. Parecia-me mais jovem do que a imagem que fazia dele e tinha uma expressão sofrida, dizendo-se vítima de suas tramas e da mesma temática de seus contos.

— Veja você mesmo – propôs. Tente achar a primeira página que dá início ao livro, ou a última. É impossível.

Abri o livro, respondendo-lhe que já tinha lido toda a sua obra e sabia exatamente do ocorrido:

— Você não tinha se desvencilhado desta coisa monstruosa?

— É verdade, mas o livro reapareceu. Abandonei-o na rua México, numa biblioteca que tem 900 mil livros, mas reencontrei-o em casa, e desde então não tenho mais paz. Persigo a obsessiva idéia de achar a primeira página, mas ela sempre me foge.

— Trabalho em uma biblioteca de oito milhões de livros – contra-argumentei –, curiosamente também situada numa rua com o mesmo nome, embora não me conste que haja livros infinitos.

— Bem – disse Borges –, isto é uma questão sua. Você pode ler, pode tentar escrever um livro desta natureza. Afinal, os funcionários são privilegiados, pelo menos no que se refere à projeção negativa dos outros.

— Privilegiados? Veja, Borges, eu e você só podemos estar num sonho. Um está sonhando o outro, e acho que não vamos a lugar nenhum com este embate. No seu trabalho me chamou atenção sua descrença na política e nem precisei mexer na sua biografia: está lá no terceiro volume, e justamente no ano de 1976. Este ano lembra a você alguma coisa? Em meu país, alguns poucos anos antes, assim como no seu, pouco depois, a fúria abateu-se sobre os jovens. Lá e em toda a América Latina, milhares de jovens foram assassinados. O escritor chileno Roberto Bolaño diz que a ordem do mundo está construída sobre o sangue desses jovens trucidados.

— É verdade, eu me lembro – respondeu. Acho que foi o ano em que escrevi sobre o livro de areia, e, por tê-lo escrito, ele passou a existir, da mesma forma que alguém nos escreveu. Somos o fruto de uma grande metáfora.

— Bem, agora você não está sendo inteiramente o Borges – repliquei.

— Claro que não. Eu sou o Borges que você sonha. Somos a mesma pessoa, e só devido a esta condição estamos aqui neste diálogo.

— Se a realidade é um sonho, deixe-me acordar deste sonho.

— Não posso – respondeu-me. Você está emparedado dentro deste sonho.

— Igual ao livro de areia? – perguntei.

— Quase. O livro de areia é um pouco menos monstruoso.

# Primeiras impressões

Nas mãos o horizonte estendido. Abrigo de tantas palavras e precipícios guardados para a vida que parecia tão próxima. A primeira impressão é que nunca se volta.

# Meus navios

Durante muito tempo quis ter a consistência dos navios. Não os reais, mas os que navegam na mente. Já que achei que o mundo é apenas um acidente de percurso, dei aos meus navios um mar acidentado, para que pudessem velejar sob as escarpas das águas e destinos. Também lhes ensinei a língua dos horizontes para que pudessem atravessar o caos do mundo sob a lua e também um mapa medieval, para que chegassem aos mares dos sonhos. Durante muito tempo meus navios tiveram um intrigante semblante. Pareciam monumentos móveis em suas marinas distantes, a tocaiar aves ribeirinhas e amparar os pescadores cegos. Meus navios se foram e para mim ficaram as calmarias. Com elas faço inventários de areia, dia após dia.

# BIOGRAFIA LITERÁRIA

Poeta, jornalista e mestre em Comunicação e Cultura pela Universidade Federal do Rio de Janeiro, Francisco Orban publica, com o título de *Leilão de acasos*, seu oitavo livro, este de poesia sob a forma de prosas. O escritor é autor dos livros *Sobrado das horas* (Taurus-Timbre, 1990) e *Cesto das canções com pássaros* (Leviatã, 1994). Em 2001 publica o livro *Recomendações aos sonhadores*, prêmio Cecília Meireles – UBE – União Brasileira de Escritores. Dois anos depois, recebe o Prêmio Walmir Ayala (UBE) por seu livro, inédito na época, *Estaleiros de vento* e publica em 2004 a fábula infanto-juvenil *O cavalinho de água*, adotada pelo Programa Nacional do Livro Didático–SP
Seu último livro, com o título de *Os anzóis da noite*, é lançado em 2006 pela editora Booklink. No mesmo ano, seu livro *Estaleiros de vento*, já publicado pela editora Orobó Edições, torna-se um dos finalistas do prêmio Jabuti. O poeta lançou em dezembro de 2008 seu novo livro *Terraço das estações*, comentado por Cícero Sandroni. Sua poesia tem sido elogiada por Geraldo Carneiro, Antonio Carlos Secchin, Alexei Bueno e André Seffrin.

Livro composto em Adobe Caslon
Pro e impresso pela Singular no
outono de 2011 em papel *off-set*
90g/m² para a Editora Garamond.